맨발로 교육 1

맨발학교

맨발학교

권택환 지음

만인사

맨발학교의 꿈

2013년 3월 1일 나는 맨발학교 첫 학생이었다. 이날 이후 비가 오나 눈이 오나 하루도 빠짐없이 맨발로 걷고 있다.

맨발걷기를 하면서 많은 변화가 있었다. 맨발로 걷는다는 것, 그것은 발과 뇌가 대화하는 시간이다. 흙과 만나면 발바닥의 감각이 뇌로 올라간다. 발, 무릎, 허리, 배, 가슴, 어깨, 목, 뇌, 근육 하나하나, 세포 하나하나의 감각이 뇌로 보내진다.

맨발걷기는 작고 단순하지만 사람을 살리는 일이다. 땅과 하늘은 붙어있다. 발도 뇌와 붙어있다. 신발과 양말을 벗고 맨발로 흙을 밟아보자. 맨발로 건강과 행복을 되찾자.

이제 나는 새로운 맨발학교를 꿈꾸고 있다. 지난 7월 17일, 나의 맨발걷기는 1,600일을 맞았다.

맨발걷기는 단지 걷는 것만이 아니다. 매일 꾸준히 흙과 만나면서 자연과 하나가 되고 나와 만나게 된다. 학생과 함께 걸으면 맨발교육이 되고 친구와 함께 걸으면 맨발걷기 문화가 된다. 이제 첫 발을 디딘 '맨발로 교육' 이야기를 세상에 소개하며 맨발걷기가 우리의 문화가 되는 날을 기대한다.

그 첫 번째 이야기가 『맨발학교』이며 '맨발로 교육'은 꾸준하게 이어질 것이다.

책이 나오기까지 많은 분들의 수고로움이 있었다.

어려운 여건에서도 기꺼이 출판을 맡아준 만인사 박진형 사장님, 맨발학교 직인을 만들어준 서예가 리홍재 선생님께 감사의 말씀을 드린다.

함께 걸어보자는 나의 제안에 흔쾌히 답해준 맨발학교 가족들과 이 기쁨을 나누고 싶다.

이 책은 '맨발걷기와 친구가 되자'고 내미는 손길이다. 맨발걷기를 만나 새로운 인생이 펼쳐질 '맨발학교'에 독자 여러분을 초대한다.

2017년 8월

대구교육대학교 행복인성교육연구소에서

권택환

맨발학교

박진형(대구시인협회장)

송현동 그린맨션 숲동산
벚나무 은행나무 메타세콰이아 느티나무
아름드리 숲 아래 맨발학교에
새로 입학했어요

회갑 넘긴 늙은 발이
금세
뽀송뽀송해졌어요

참새는 짹
비둘기는 구구
저만치 까치도 반갑다고
깍깍깍

여든 넘은 할아버지가
꼿꼿하게 맨발로 걸어 가요
맨발학교에는
졸업생이 없나 봐요

그리구 그리구 말이에요
내일 새벽 희붐해지면
우리 맨발로 만나요, 안녕

차례

5무(無) 맨발학교

차례

천천히 맨발로 생각하기

맨발일기

나는 맨발학교의 첫 학생이었다

나의 실험, 맨발학교.

'맨발로 산에 오르고 운동장을 뒹굴던 자폐아가 100일쯤 지나서 초점 없이 흐리던 눈동자에 생기가 돌고 미니카 바퀴에 집착하던 모습이 거의 없어졌다.'

자폐아 어머니의 말이다. 훗날 이 아이는 세계지적장애인 수영대회에서 금메달리스트가 되었다. 흙과 친하게 생활했는데……. 어떻게 그런 일이 생겼을까?

문득 나의 어릴 적 모습이 떠올랐다. 그때는 친구들과 맨발로 운동장에서 달리기도 하고, 축구도 하였다. 한 반에 70명씩 학생이 있었는데 자폐아나 정서·행동장애 친구를 본 적이 거의 없다.

교육부에서 대학으로 자리를 옮기면서 늘 가슴에 품고 있던 과제를 풀어보기로 마음먹었다. 흙과 친해져 보기가 그것이었다. 2013년 3월 1일 나의 맨발걷기는 이렇게 시작되었다.

지난 5년 동안 맨발걷기는 계속 되었고 오늘도 강의 준비를 하느라 지쳐있는 몸을 이끌고 흙이 있는 운동장으로 나갔다. 하루도 빠짐없이 맨발걷기를 해서 그런지 침침하던 눈이 시원해지고, 머리가 맑아지며 몸도 가벼워진다. 꾸준히 하다 보니 이제는 몸이 즉각 반응한다.

파블로프의 조건반사 실험처럼 발바닥에 흙이 닿기만 해도 몸이 재빨리 균형과 조화의 상태로 변하는 것을 느낀다.

혼자 시작한 맨발걷기가 5년이 지나면서 맨발학교가 만들어지고, 이 학교를 통해 맨발걷기를 알게 된 사람이 5,000명을 넘어섰다. 맨발걷기를 통해 건강이 좋아지고 마음이 편해지며 머리가 맑아지는 경험을 해 본 사람들이다. 그 중 대부분은 선생님과 학생들이다. 이제는 전국의 많은 학교에서 선생님과 학생들이 맨발로 운동장을 걷거나 뛰어다닌다.

"예전보다 분노조절이 안 되거나 자기중심적인 학생들이 많아지고, ADHD, 자폐, 정서·행동 장애 학생들도 늘어나서 힘들어요."

최근 현장교사들에게서 많이 듣는 이야기이다.

학생들이 건강해지고 인성이 좋아지며 두뇌가 활성화되는 비결이 흙길 맨발걷기에 있다. 맨발걷기는 단순하지만 비밀이 숨어있다. 그 비밀을 이해하기 위해서는 직접 해 보아야 한다. 신발을 벗고 흙길을 만나면 행복한 삶이 펼쳐질 것이다. 한 걸음, 한 걸음 함께 걸어보자. 맨발학교의 보물을 함께 나누어 가질 학생이

되어보자.

맛있는 음식이 있으면 이웃과 나누는 것이 행복한 삶이다. 내가 만난 '흙길 맨발걷기'라는 보물을 이제는 많은 사람들과 나누고 싶다.

나의 실험
맨발학교

맨발걷기, 새로운 실험을 시작하다

2013년 3월 1일, 내가 우선 맨발걷기를 해 보기로 했다. 매일 한 시간씩 맨발로 자연과 하나 되는 흙길 걷기를 시작하였다. 자연과 하나 되는 프로그램은 많지만 오로지 흙길 맨발걷기만 꾸준히 하기로 마음먹었다.

반드시 매일 한 시간씩 걸었다. 쉽지는 않았다. 회식을 하거나 반가운 친구들과 소주라도 한 잔하게 되면 '오늘은 그냥 집에 갈까'하는 생각이 들기도 하였다. 그렇지만 이왕 마음먹은 것이니 빠지지 않고 맨발걷기를 하였다.

보름쯤 지나자 내 몸이 먼저 반응했다. 교육부에 근무하면서 늘 안구건조증에 시달렸는데 어느 날 방안에 안구건조증 약이 그대로 남아 있는 것이 아닌가. 결국 그 약은 모두 버리게 되었다. 내가 스스로 실험 대상이었던 나의 '맨발학교'는 이렇게 시작되었다.

나는 맨발학교의 첫 학생이었다

맨발걷기, 첫 걸음마의 기억

"참, 신기해요! 신발을 신고 걸을 때보다 오히려 시간이 빨리 가네요."

"맨발걷기는 중독이 되는 것 같아요. 왜 그럴까요?"

맨발걷기를 꾸준히 하는 사람들이 궁금해 하는 공통적인 질문이다.

맨발걷기에는 놀라운 비밀이 숨겨져 있다. 우리 뇌는 1000억 개의 뉴런과 100조 개의 시냅스로 연결되어 있다. 한 번 보거나 들은 것은 뇌에 기록된다. 우리가 의식하지 못한 가운데서도 그 정보들은 저장이 된다. 다만 우리가 뇌를 100% 활용하지 못하고 끄집어내지 못할 뿐이다.

아이가 세상에 태어나 첫발을 내딛고 걸음마를 시작할 때 가족들로부터 박수와 격려를 받는다. 이 때 강력한 칭찬의 기억정보가 뇌에 저장된다. 첫 발을 떼었을 때 칭찬받지 못한 사람은 없다. 꾸준히 걷다 보면 뇌 속의 첫 걸음으로까지 정보가 거슬러 올라간다. 기쁨과 자신감의 정보가 뇌에서 되살아나는 것이다.

누구나 칭찬받았던 첫 걸음

맨발걷기는 단순히 건강만을 위한 것이 아니다.

맨발걷기는 편안한 마음과 자신감을 가져다준다. 흙의 다양한 느낌을 경험하므로 자꾸 걷고 싶어진다. 우리 몸은 좋은 것을 저절로 느끼기 때문이다.

맨발걷기, 단순한 것이 가장 강하다

세상을 살리는 것은 절대로 복잡하지 않다. 사람을 살리는 비법도 절대로 복잡하지 않다. 작고 간단한 것에 오히려 강함이 숨어있다. 걷는 것만큼 간단한 것이 없다. 신발을 신고 걷는 것보다 맨발로 걷는 것은 더 간단하다. 단순하고 간단할수록 더 큰 힘이 나온다. 이것이 우주의 법칙이다.

맨발로 원래의 자리인 자연으로 돌아갈 때 우리의 감각, 인성, 두뇌는 살아난다. 간단하고 단순하지만 나를 살리는 놀라운 비법이다. 꾸준히 하는 것이 중요하다. 햇빛, 공기, 물, 우주에 존재하면서 우리에게 꼭 필요한 것들은 언제나 꾸준하다. 물방울이 바위를 뚫는 것은 '물방울의 힘'이 아니라 꾸준하게 떨어지는 '잦음'의 힘이다.

5무(無)
맨발학교

맨발학교는 5무(無) 학교이다

맨발학교는 건물, 교사, 교재, 시험, 시간표가 없는 5무(無) 학교이다.

5무 맨발학교는 벤자민인성영재학교에서 배운 것이다. 2014년에 개교한 이 학교는 과학영재, 수학영재, 컴퓨터영재를 부르짖는 시대에 인성영재를 기르는 학교이다. 고등학교 1년 과정의 자유 학년제 대안학교로 건물, 교사, 수업, 시험, 성적이 없다.

나는 이 학교가 개교할 때부터 관심을 가지고 학생들의 멘토를 4년째하고 있다. 해마다 학생들을 만나 상담도 하고 교육 기부 특강도 한다. 때로는 내가 근무하는 대학에 학생들을 초대하여 교내 투어도 같이 한다.

나는 벤자민인성영재학교에 멘토로 참여하지만 도리어 학생들에게서 배운다. 이 학교에서는 스스로 용돈벌기, 마을 담장에 벽화 그리기, 전국 자전거 일주 투어, 우리 역사 바로세우기 서명활동 등 학생 스스로가 정한 프로젝트를 실천하도록 한다. 이 활동을 통해 학생들은 꿈과 자신감을 찾아 나간다. 1년동안 학생들의 성장 모습을 보면 놀라지 않을 수 없다. 아무리 바빠도 이 학교 멘토를 계속하는 이유는 해마다 학생들의 놀라운 성장을 지켜 볼 수 있기 때문이다.

맨발학교도 5무(無) 학교이다.

1무(無), 학교 건물이 없다

흙이 있는 곳이면 어디든 가서 걸으면 된다. 학교 운동장도 좋고 산도 좋고 바닷가 모래도 좋다.

2무(無), 가르치는 선생님이 없다

걷는 것은 누구에게 배울 필요가 없다. 세상에서 걷는 것만큼 쉬운 것은 없다. 그냥 걸으면 된다.

3무(無), 교재와 교구가 없다

공도 필요 없고 라켓도 필요 없고 특별한 옷도 필요 없다. 맨발로 가면 된다. 준비물이라면 자신의 발 뿐이다. 맨발로 가면 몸도 뇌도 따라 온다.

4무(無), 시험과 성적이 없다

세상의 학교는 시험이 있다. 잘한다 못한다로 가르기도 하고, 학생의 기를 죽이기도 한다. 우리나라 사람들이 노래를 잘하는 것은 영어시험 치듯이 노래 시험을 치지 않았기 때문이라고 말하는 교육학자도 있다. 맨발학교는 이기고 지는 것이 없다. 걸음걸이가 이상하다고, 늦게 걷는다고 질책하는 사람도 없다. 내가 발길 가는 곳으로 걸으면 된다. 꽃이 있으면 꽃에게, 나무가 있으면 나무에게 다가가서 함께 걸으면 된다.

5무(無), 수업 시간표가 없다

새벽에 걸어도 되고 저녁에 걸어도 되고 한밤중에 걸어도 된다. 시간표대로 하는 것이 아니고 내가 시간을 내어 걸으면 된다. 혼자 걸어도 되고 친구와 같이 걸어도 되고 온 가족이 함께 걸어도 된다.

맨발걷기, 푸른 새벽을 만나다

맨발걷기, 저녁 노을과 친구되다

맨발의 행복

'진리는 단순하고 실력은 꾸준함에서 나온다.
작고 단순한 것도 꾸준히 하는 사람이 행복을 잡는다.'

내가 맨발걷기를 하면서 만든 맨발학교 교훈이다.

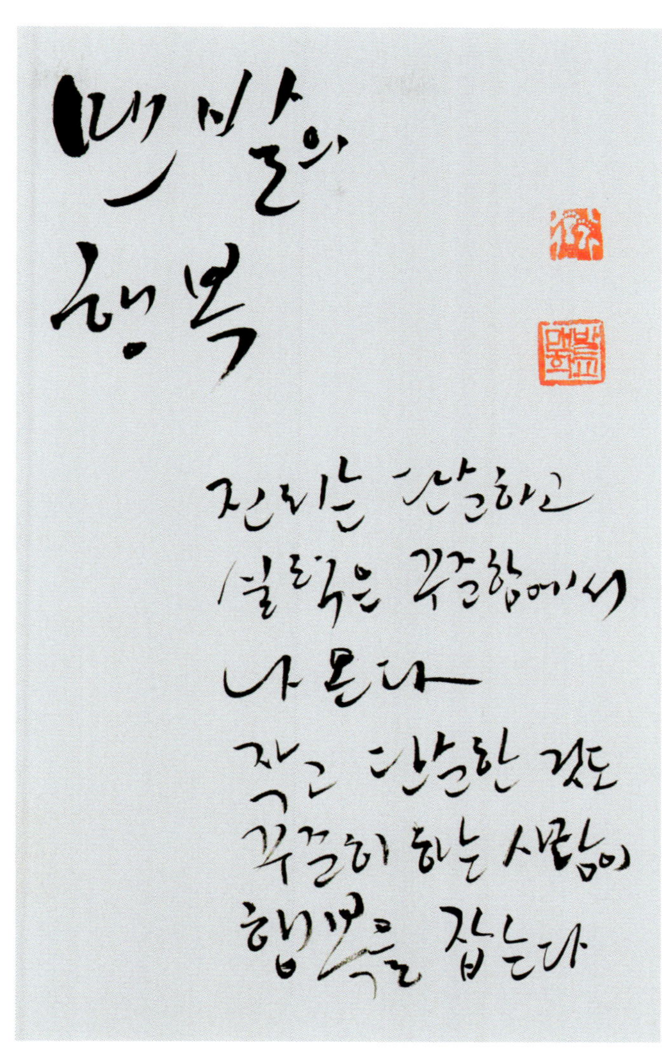

글씨 여산 박진형, 전각 율산 리홍재

흙에서 놀다

맨발걷기, 백일에 도전하다

큰 일을 앞두고 백일 기도를 올린다. 백일은 의미가 깊다. 아이가 태어나면 백일 동안 지극 정성을 다한다. 백일이 되면 그 동안의 감사와 앞으로의 건강을 기원하며 백일떡을 나눠 먹는다.

자신이 감동하고 하늘도 감동하려면 백일은 꾸준히 해야 한다. 맨발로 걷는 것이 쉬워 보이지만 백일은 해야 습관이 붙는다.

맨발학교에서는 누군가 맨발걷기를 시작하면 백일까지는 정성을 기울인다. SNS 단체 대화방에서 서로에게 격려와 칭찬을 보낸다. 아직 몸에 익숙하지 않아 꾸준한 맨발걷기가 어려웠던 회원들도 다른 회원들의 응원으로 열심히 참여하게 된다. 타인의 칭찬에 힘입어 꾸준히 하게 되며 공명의 위대함을 체험하게 된다.

그래서 처음 백일은 가급적 하루도 빠지지 말고 실천하도록 권한다. 무언가 백일을 계속하려면 의지가 있어야 한다. 한 번 경험한 한계 극복 의지는 다른 곳에서도 발휘된다. 백일 맨발걷기를 하고 나면 건강은 물론 자신을 사랑하게 되고, 타인을 이해하고 배려하는 마음도 생긴다.

맨발학교에서는 백일째 되는 날 맨발학교 교훈이 담긴 상장을 준다. 이 상은 자신이 자기에게 주는 상이다. 그래서 상을 주는 사람과 받는 사람의 이름이 같다. 많은 회원들이 이 상장을 낭독하면서 감동의 눈물을 흘린다. 그것은 누가 나를 인정해주어 흘리는 기쁨의 눈물이 아니다. 내가 나에게 스스로 감동받았기 때문이다.

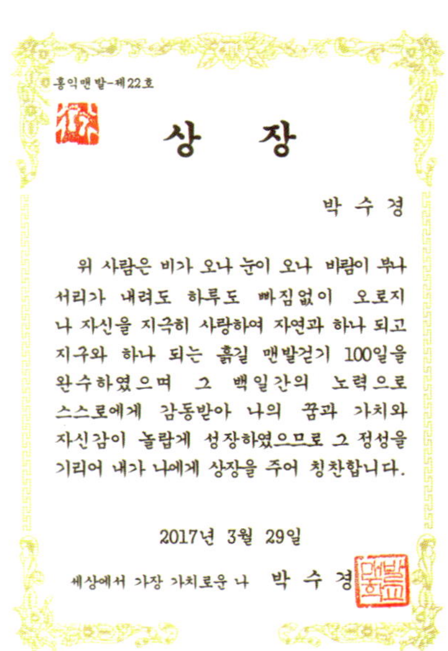

제 홍익맨발-제22호

상 장

박 수 경

위 사람은 비가 오나 눈이 오나 바람이 부나 서리가 내려도 하루도 빠짐없이 오로지 나 자신을 지극히 사랑하여 자연과 하나 되고 지구와 하나 되는 흙길 맨발걷기 100일을 완수하였으며 그 백일간의 노력으로 스스로에게 감동받아 나의 꿈과 가치와 자신감이 놀랍게 성장하였으므로 그 정성을 기리어 내가 나에게 상장을 주어 칭찬합니다.

2017년 3월 29일

세상에서 가장 가치로운 나 박 수 경 맨발학교

내가 나에게 감동 받은 100일날

맨발걷기는 쉽다

1. 처음 시작은 흙이 있는 학교 운동장이 좋다.
2. 처음에는 20분 정도가 적당하고, 점차 하루 5분씩 늘린다.
3. 익숙해지면 하루에 40분에서 1시간 정도 걷는다.
4. 자신의 건강상태에 맞추어 적당한 속도로 걷는다.
5. 운동장을 걷다가 한두 번 철봉에 매달리기를 하면 좋다.
6. 비온 뒤에 운동장, 산길과 바닷가도 좋다.
7. 쌀쌀한 날씨에는 옷을 따뜻하게 입는다.
8. 발은 겨울에도 반드시 찬물로 씻는다.
9. 맨발걷기 초기에는 발의 갈라짐, 물집, 요통 등 명현반응이 나타날 수 도 있다.

♣ 5무(無) 맨발학교는 SNS로 운영된다. 회원이 되면 SNS로 맨발학교에 들어오게 되고 맨발걷기 체험을 단체방에 올린다. 이것을 '맨발일기'로 만들고 있다.

※신입생이 입학하면 맨발학교 규칙을 SNS로 안내해 준다.

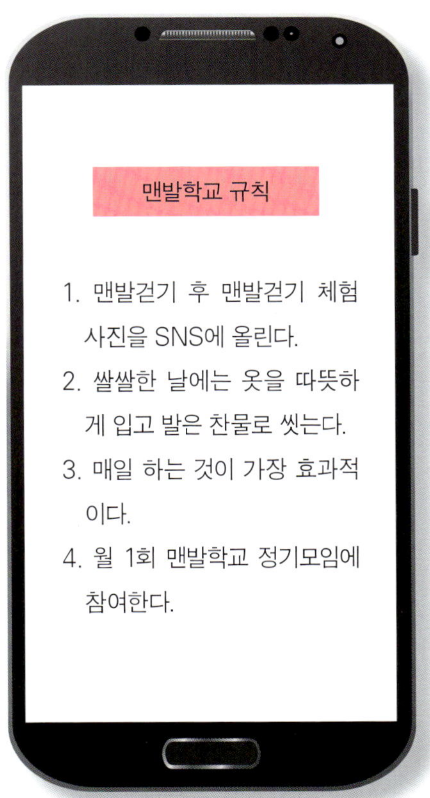

천천히 맨발로 생각하기

숨은 그림찾기

해마다 3월이면 선생님은 숨은 그림을 찾는다.

금방 눈에 띄는 학생이 있다.
한 달쯤 지나 눈에 띄는 학생이 있다.
헤어질 때쯤 비로소 찾는 경우도 있다.

결국 못 찾기도 한다.
선생님이 포기하기도 한다.

그러나 모든 학생에게는
숨겨진 그림이 있다.

다만 찾지 못할 뿐이다.

나는 누구인가

나는 누구인가?

뇌 과학자가 말했다.
'뇌 속에 저장되어 있는 기억'

철학자가 말했다.
'내가 가까이 자주 만나는 다섯 사람의 평균'

내가 많이 만나는 사람들과의 정보와 에너지가
뇌 속에 저장되면 그것이 나다.

전인교육

학교는 전인교육을 하는 곳이다.

체(體) $\frac{1}{3}$

덕(德) $\frac{1}{3}$

지(智) $\frac{1}{3}$

무게를 달면 $\frac{1}{3}$씩 같다.

가치도 똑같다.

다만 색깔과 의미는 다르다.

가장 먼저할 것 **체(體)**

가장 중요한 것 **덕(德)**

가장 영향을 미치는 것 **지(智)**

학교, 체·덕·지를 지향하다

행복

5년 뒤, 10년 뒤
나는 행복해질 수 있을까?
모든 사람이 궁금해 한다.

나에게 질문 하나만 던져 보면 금방 알 수 있다.

지금 나는 행복한가?
지금 행복한 사람은 5년 뒤, 10년 뒤에도 행복하다.

행복은 환경이 나에게 주는 것이 아니라
내가 선택하는 것이다.

홍익교육(弘益教育)

홍(弘)

내가 활처럼 커진다.

익(益)

그릇의 물이 넘치듯 내가 가지고 있는 것을 나눈다.

홍익교육은

내가 가치있다고 생각하는 홍(弘)

그 가치를 세상과 나누는 익(益)의 실천이다.

부모의 생각

종이만 복사할 수 있다고 믿는 부모가 있다.

부모의 생각도 자식에게 복사되어진다고
믿는 부모가 있다.

이 생각은
훗날 하늘과 땅 차이를 만든다.

교사의 삼계명(三誡命)

저 아이가 성적이 낮다고 자신감을 잃으면 안되는데
저 아이가 성적이 낮다고 스스로를 가치없다고 여기면 안되는데
저 아이가 성적이 낮다고 꿈을 포기하면 안되는데

교사가 항상 머릿속에 넣어 두어야 할 삼계명(三誡命)이다.

초등학교 맨발음악회

공부

공부 못한다고
함부로 말하지 마라.

노래도 공부요
요리도 공부요
달리기도 공부다.

단지 지난 번
시험 성적이 낮았을 뿐이다.

흙을 돌려주자

맨발로 흙을 걷게 하라.
뇌가 살아난다.
아이의 창의력이 살아난다.

흙을 만나면
자신을 사랑하고
지구를 사랑하게 된다.

학교운동장 만큼은
아이들에게
흙을 돌려주자.

씨

말이
씨가 된다.

생각도
씨가 된다.

부모와 자식

아기는 어머니 뱃속에서
탯줄이라는 유선으로 연결되어 있다.
태어나면서 무선으로 연결된다.

부모들은 이 사실을 잊고 산다.

자식은 부모의 신념대로 자란다.
무선으로 항상 연결되어 있기 때문이다.

교육이란

"애들아, 교육이란 뭘까?"

아이들은 말한다.

"무엇을 할 수 있다는 자신감을 심어주는 거요."

맨발일기

맨발일기는

회원들의 맨발걷기 체험에 대한

나의 답글입니다.

자신을
사랑하는 사람이
타인도 존중합니다.

내가 가치 있듯이
누구나
다 그러하기 때문입니다.

자신을 위한 첫 맨발걷기 선택을 축하합니다.

맨발걷기 시간은 언제든 좋습니다.
틈틈이 걷되 매일 꾸준히 하는 것이 좋습니다.
일주일에 3~4회 정도 걸으면 몸이 변화합니다.

바쁜 3월에 시간이 나서 맨발걷기하려면 힘듭니다.
선택하면 시간은 어디선가 나옵니다.
바쁜 세상에 좋은 일이 생겨야만 행복하다면
우리는 주어지는 행복만을 기다리게 됩니다.
내가 행복을 선택한다면
좋은 일은 어디선가 다가옵니다.

힘든 일이 생기거나
난관에 부딪쳤을 때 이겨내는 것은
마음의 힘입니다.
맨발걷기를 꾸준히 하면
힘이 생기고
나아가 누구를 돕고 싶은 마음이 생깁니다.

진정
내가 나에게
스스로 감동하면
주위를 감동시킬 수 있습니다.
자신에게 감동받는 것,
그것이 모든 교육의 시작입니다.

책 읽은 감동은 3일,
친구에게 받은 감동은 일주일,
내가 나에게 감동을 받으면
평생 가는 힘이 나옵니다.

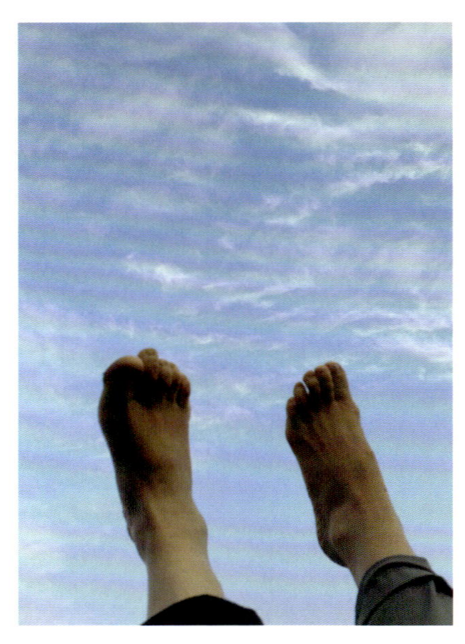

발은 땅을 딛고
코는 허공에 뿌리를 내리고 있습니다.
인간은 하늘과 땅을 연결합니다.
천지인(天地人).
가끔씩 발을 허공에 두고 코를 땅에 두면
머리는 발의 고마움을, 발은 머리의 고마움을 알게 됩니다.
모두가 소중합니다.

짝을 지어 걸으면 공명이 되어 훨씬 재미있고 실천력이 증가됩니다. 세상에서 가장 정직한 것이 내 몸이지요.

맨발로 가다보면
미운 것도 내려놓고
좋은 것도 내려놓고
나의 저울이 0점을
회복합니다.

맨발걷기를 하면서 기분이 상쾌해지셨군요.
세레토닌과 같은 행복 호르몬이 분비되기 때문입니다.
행복은 나 자신이 내준 숙제를 잘 했을 때 오는 겁니다.
꾸준히 하면 몸이 기억합니다.
그것을 몸뇌라고 합니다.

누구나 할 수 있습니다.
우리가 미리 겁먹거나
꾸준히 실천하지 않기 때문에 못 하는 것입니다.
안 하니까 못 하고, 못 하니까 안 하고
계속 되풀이되는 것이지요.

석 달 열흘, 백일이 지나면
몸이 좋아졌다는 것을 느낍니다.
세상에 가짜는 있어도 공짜는 없습니다.

백일 동안 자신을 아낌없이 사랑하시기 바랍니다.
백일 후 내 몸은 감동받아
나에게 보답할 것입니다.
내 몸은 내가 아니라 내 것입니다.

바쁜 가운데 틈새 20분 맨발걷기를 하셨군요.
우리 몸과 뇌는 서로 연결되어 있기 때문에
틈새 20분을 감동으로 칭찬해 줍니다.
내가 맨발로 걸은 시간이 모이면 기적이 됩니다.

내 몸에는 자연치유력이 있습니다.

맨발걷기로 자연치유력, 즉 면역력을 회복하기 바랍니다.

누구에게나 있습니다.

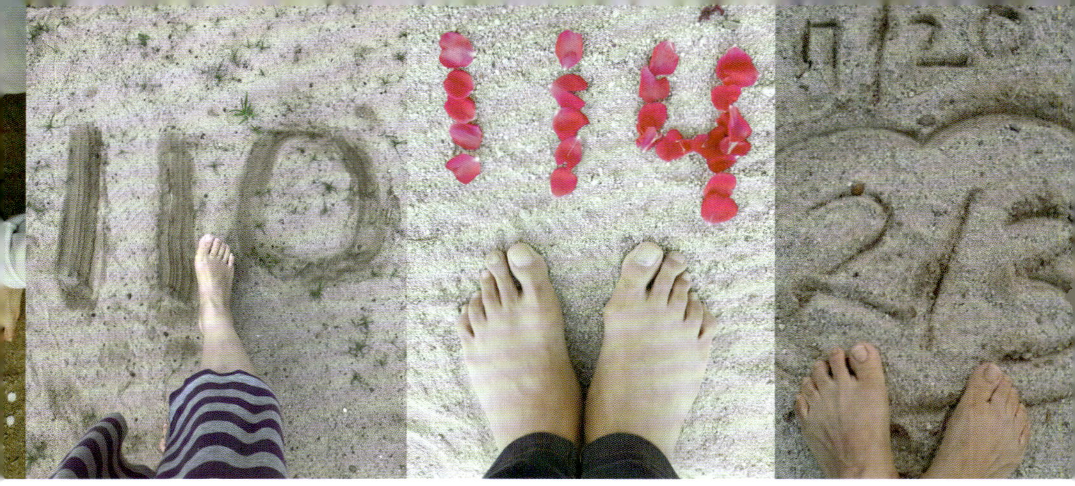

아침, 저녁

하루 두 번하면

몸이 감동을 받습니다.

지금은 미약한 시작이지만

나와

가정과

세상을

바꿀 수 있습니다.

어떤 사람은 인성 프로그램이 없다고 탓합니다.
너무 많은 게 문제입니다.

선생님도 많은 것을 요구합니다.
경영자도 너무 많은 것을
학교에 적용하려고 합니다.

부모님이 말로 가르치는 것보다
꾸준히 하는 모습을 보여주는 것이 최고의 가르침입니다.
아이들도 다 압니다.

진리는 단순하고
실력은 꾸준함에서 나옵니다.

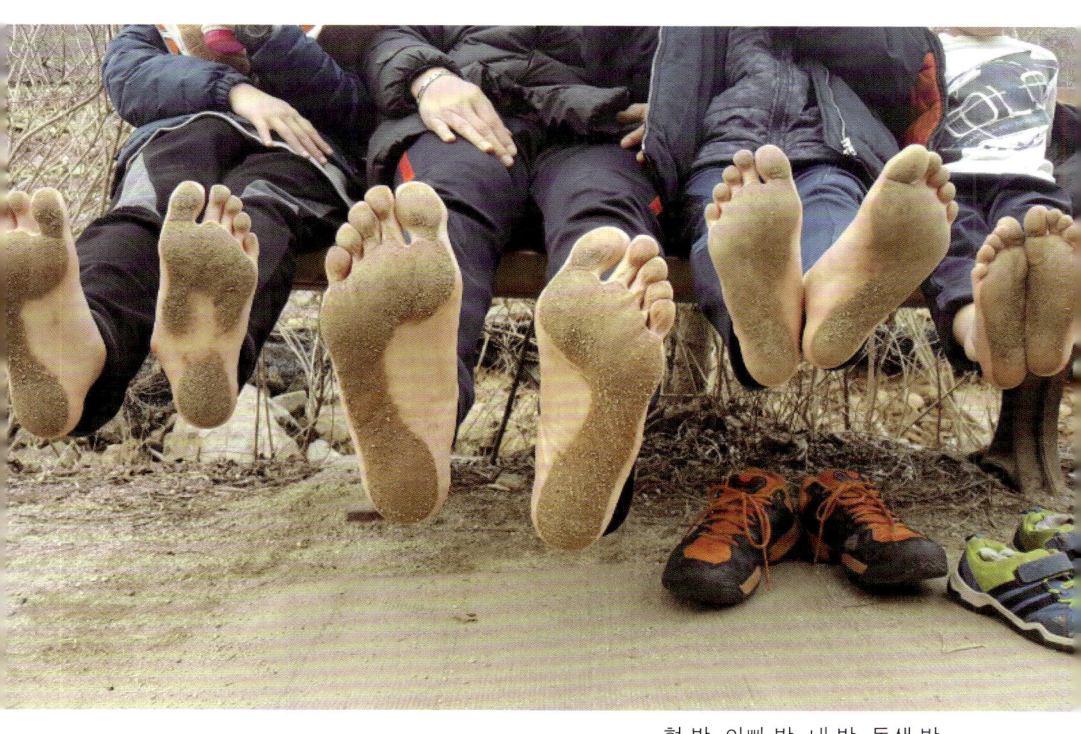

형 발, 아빠 발, 내 발, 동생 발

차가운 첫 맨발걷기 경험에 몸이 감동합니다.

날이 춥고
흙이 차가우면
우선 자신 안에 있는
감정이 올라옵니다.
바라보고 그냥 걸으세요.
약 20분 정도 걸으면
그 또한 지나가고
몸도 마음도 좋아집니다.
발은 반드시 찬물에 씻고요.

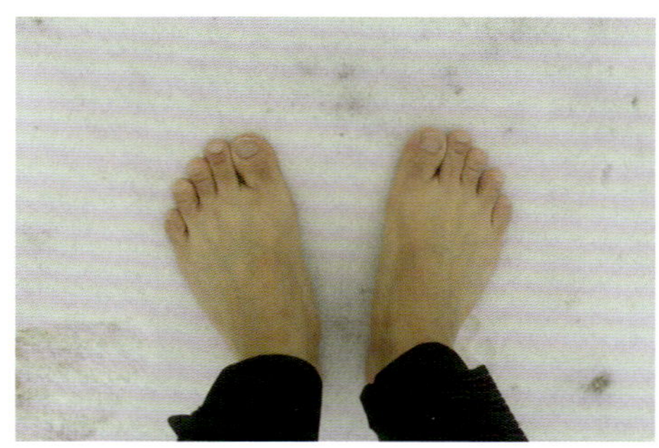

발, 차가움을 품다

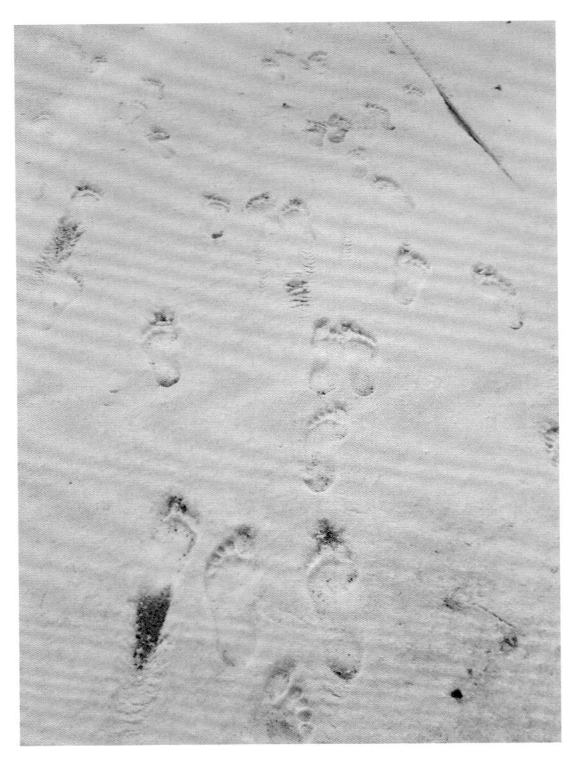

시작 3일 만에 추운 겨울 아침 맨발걷기를 하셨네요.
'동상 걸리면 어떡하지'하는 걱정과 한계를 넘었습니다.

겨울에는 옷을 겹겹이 입고,
최대한 몸을 따뜻하게 합니다.
생각보다 땅이 포근합니다.

우리는
미리 겁먹고 해보지 않은
일들이 많습니다.
눈물나게 안타깝습니다.
아이들도 그러합니다.

걷고 싶다

맨발걷기, 생애 새로운 봄을 기다린다

겨울 맨발걷기를 꾸준히 하며
자신을 한없이 사랑하는 회원님,
내년 봄은 또 다른 의미의 봄으로
새롭게 다가올 겁니다.

꽃도 걷고 발도 걷는다

모든 것이 마음이지요.

맨발걷기에 세상의 이치가 담겨 있습니다.

살구꽃과 보름달

살구꽃이
처음 핀 날
보름달이 떴다.

살구꽃은
환한
보름달과
하나가 되었다.

맨발걷기는
뇌교육이다

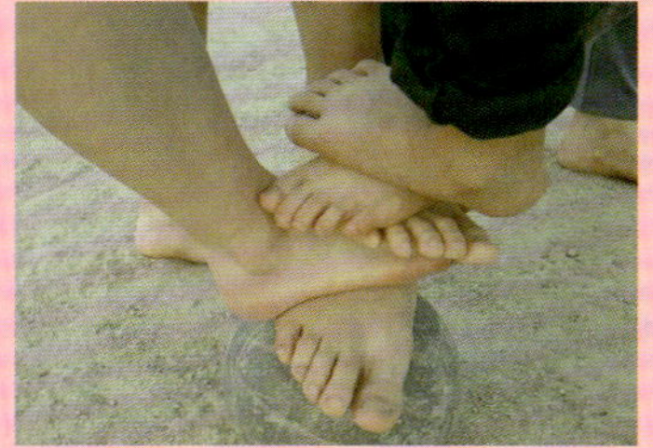

발을 자극하면 뇌가 유연해진다

하늘과 땅은 아주 멀리 떨어져 있는 것 같지만 사실은 붙어 있다. 우리 몸은 소우주다. 발바닥은 뇌와 멀리 떨어져 있는 것 같지만 밀접한 관계가 있다. 발에는 외부자극을 받아들이는 감각 수용체가 많이 있다. 발의 자극은 인체가 조화롭게 움직이도록 뇌에 정보를 보낸다. 이 정보의 전달속도는 우리 몸이 통증을 느끼는 속도 보다 훨씬 빠르다. 병원에서 마비환자들의 뇌를 자극해야 할 때 발을 자극하는 것도 같은 맥락이다. 발은 곧 뇌다. 발을 통해서 우리는 뇌를 이해할 수 있다.

1. 발바닥 자극이 뇌 감각을 깨운다

맨발걷기를 처음 경험한 사람들은 시원하다, 따끔따끔하다, 콕콕 찌르는 것과 같다 등 자신의 느낌을 다양하게 표현한다. 우리가 느끼는 시각, 청각, 후각, 미각, 촉각의 오감은 끊임없이 뇌에 전달된다. 맨발걷기는 발바닥 감각을 자극하여 뇌 감각이 깨어나도록 도와준다. 발바닥 자극을 통해 자신의 몸에 집중하게 되고 몸과 뇌의 교류감각이 활발해져 뇌 기능을 촉진할 수 있다.

2. 발이 부드러워지고 뇌가 유연해진다

뇌를 유연하게 하려면 먼저 몸을 잘 풀어주어야 한다.

맨발걷기를 하면 발바닥이 유연해진다. 나의 경우 굳은살도 없어졌다. 맨발걷기를 하는 많은 사람이 경험한 것이다. 몸이 이완되고 편안해진다. 일상에서 잘 쓰지 않던 근육을 쓰면서 뇌에는 새로운 회로가 만들어진다. 경험해보지 못한 발바닥 자극으로 뇌가 유연해진다. 실제로 맨발걷기를 하다보면 고정 관념의 틀에서는 풀리지 않았던 문제들의 새로운 해결책이 떠오르기도 한다.

3. 발이 건강해지고 뇌가 정화된다

맨발걷기를 꾸준히 하다보면 발이 건강해진다. 오랫동안 있었던 무좀이 말끔히 없어졌다. 사실 신발은 미생물이 선호하는 인큐베이터로 무좀, 세균감염의 원인이 된다.

맨발로 걷다보면 면역력이 증진되고 화가 가라앉으며 마음이 평화로워진다. 꽃, 나무, 달, 별을 보고 걸으면서 자연과 하나가 되고 감사하는 마음이 자연스럽게 일어난다. 에스키모인들은 화가 나거나 분노가 일어나면 무작정 걷는다고 한다. 걷다가 화가 풀리고 분노가 가라앉게 되면 그 지점에 막대기를 꽂아두고 돌아온다고 한다. 다음에 또 화가 나서 걸을 때 예전의 막대기를 보기 전에 화가 가라앉았다면 자신의 상태가 예전보다 더 좋아졌다고 생각한다는 것이다.

걷다보면 화도 풀리고 피해 의식도 없어진다. 뇌 속에 쌓인 부정적인 정보가 씻겨 나간다. 자신을 바라보는 힘이 길러지고 뇌가 정화되면서 긍정적인 것을 선택하는 힘이 길러진다.

4. 왼발·오른발 균형이 잡히고 좌·우뇌가 통합된다

장갑끼고 글씨를 쓰거나 컴퓨터 작업을 하는 사람은 없다. 손은 늘 공기 중에 노출되어 있지만 발은 양말과 신발 속에 꽁꽁 묶여 있다. 신발은 깁스와 같다. 발의 뼈와 관절을 움직이지 못하게 한다. 발바닥의 순수한 자극이 뇌로 잘 전달되지 못한다. 맨발로 걷다보면 왼쪽 발바닥과 오른쪽 발바닥은 공평하게 자극을 받는다. 맨발걷기가 자세교정에 도움이 된다고 하는 의학적 연구도 있다. 또한 맨발걷기는 자세 교정뿐만 아니라 좌·우 발바닥의 자극을 뇌로 전달하여 좌뇌, 우뇌의 이성과 감성이 통합되면서 뇌를 조화롭고 균형있는 상태로 만든다. 좌·우뇌의 균형이 이루어지면 새로운 아이디어와 창의력이 샘솟는다. 무한한 잠재력이 깨어난다.

5. 자신감이 생기고 나의 몸과 뇌의 주인이 된다

맨발걷기를 꾸준히 하다보면 자신감이 생긴다. 나의 경우 5년 동안 하루도 빠짐없이 하면서 건강이 좋아짐은 물론이고 스스로 감동도 받는다. 책을 읽어서 생기는 감동과 타인에게서 느끼는 감동도 중요하지만 자신이 자신에게 주는 감동은 그 힘이 오래 간다. 맨발걷기를 통해 얻는 가장 값진 선물은 내가 나의 몸과 뇌의 주인이 된다는 것이다. 몸과 뇌의 주인이 되면 삶의 목적을 알고 자신의 인생을 디자인하는 힘이 생긴다.

---

*『뇌교육원론』, 이승헌, 국제뇌교육종합대학원대학교, 2010.
*『신발이 내 몸을 망친다』, 다니엘 호웰, 성기홍 옮김, 청림Life, 2011.
*『뇌로 통하다』, 성영신·김채연·김성일, 21세기북스, 2013.
*『행복 뇌 접속』, 릭 핸슨, 김미옥 옮김, 담앤북스, 2015.
*『행복은 전염된다』, 니컬러스 크리스태키스·제임스 파울, 이충호 옮김, 김영사, 2015.

맨발달리기 어린이집

몇 년 전 'SBS 스페셜'에서 맨발걷기의 효과에 대하여 방영하였다. 맨발걷기가 혈액 순환, 두통 해소, 기억력 향상, 소화기능 개선, 당뇨 예방, 피로회복, 불면증 해소, 치매 예방 등에 좋다는 내용이었다.

특히 일본의 한 어린이집에서 맨발달리기를 하면서 건강하고 행복한 생활을 하는 아이들의 모습은 아직도 기억이 생생하다. 가고시마현 산골마을 어린이집 아이들은 아침에 오면 모두가 20분 정도 맨발로 운동장을 달린다. 맨발로 달리다 보니 몸의 균형이 좋아지고 운동신경도 좋아졌다.

어린이집 아이들의 달리기 속도는 초등학교 2학년 수준이다. 한 겨울에도 맨발로 달린다. 10년 넘게 맨발달리기를 운영하는 동안 감기는 물론 천식, 아토피 아이들도 거의 없다. 공부하다가 산만해지면 맨발로 운동장을 달린다. 운동장을 맨발로 달리고 오면 뇌에 산소가 공급되어 학습에도 높은 집중력을 보인다.

이 뿐만이 아니다. 뇌성마비 초등학생 에리는 방학 때마다 이 어린이집에 와서 동생들과 맨발로 달리기를 한다. 처음 어린이집에 왔을 때는 걷지도 못한 에리가 혼자서 운동장을 달린다. 부모님과 선생님은 뇌성마비 에리가 혼자 달릴 수 있는 것은 맨발달리기의 힘이라고 믿고 있다. 도대체 맨발달리기와 아이들의 능력 사이에는 어떤 상관관계가 있는 것일까?

전문가들은 발바닥의 예민한 감각기관을 통해서 몸의 평형을 이루려는 학습과정은 뇌발달에 매우 중요하다고 말한다. 발을 자극하면 뇌가 자극되고 왼발, 오른발의 자극을 통해서 좌·우뇌의 균형과 통합이 이루어진다.

그런데 왜 우리 아이들은 맨발로 걷거나 달리기를 하지 못할까? 이유는 하나밖에 없다.

기회를 주지 않았기 때문이다.

---

*「걸음아 날 살려라」, SBS 스페셜, 2010.

*『운동화 신은 뇌』, 존 레이터·에릭 헤이거먼, 이상헌 옮김, 북섬, 2016.

*『맨발로 뛰는 뇌』, 존 레이터·리처드 매닝, 이민아 옮김, 녹색지팡이, 2016.

아프리카에는 자폐가 없다

2011년 교육부 특수교육과장으로 재직하고 있을 때 깜짝 놀랄만한 통계를 발견하였다. 우리나라 자폐성 장애학생이 매년 천여 명씩 급증하고 있었다. 왜 자폐성 장애만 이렇게 급증하고 있는 것일까하는 의구심이 생겼다.

선진국으로 발전하면서 많이 나타나는 장애유형이라고 생각하기에는 너무 많은 수의 학생이 출현했다. 다양한 학설이 있긴하지만 현대의학으로도 자폐성 장애의 정확한 원인과 치료방법은 아직 밝혀지지 않았다.

그런데 문제는 자폐성 장애뿐만 아니라 정서·행동장애 학생, ADHD 학생까지 포함하면 학교현장에서 우리가 관심을 가져야 할 학생수는 크게 증가하고 있다. 2017년 현재, 자폐성 장애가 우리나라 특수교육 대상자 10개 유형 중 순위 2위에 해당된다.

예전에 수영선수 김진호 어머니의 강의를 들은 적이 있다. 진호 어머니가 쓴 『자폐아는 특별한 재능이 있다』라는 책을 읽었다. 진호 어머니는 「아프리카에는 자폐가 없다」라는 기사를 보고

진호와 자연 속에서 놀기를 시작하였다. 맨발로 축구도 하고 등산하고 계곡에서 물장구도 치고 놀았다. 어려서부터 자연환경에 노출된 벌거벗은 피부는 부지불식간에 외부로부터 많은 자극을 받고, 아무것도 신지 않은 발바닥은 대지의 열기와 대자연의 기를 그대로 받아들일 것이라고 생각하였다고 한다.

유독 결벽증이 심했던 진호는 발바닥에 달라붙는 축축한 모래들과 풀잎의 느낌들을 못 견뎌했지만 점차 흥미를 느끼기 시작했고, 서너 달이 지나는 사이 진호의 모습은 눈에 띄게 달라지기 시작했다. 초점 없이 흐리던 눈동자에는 생기가 돌기 시작했고, 틈만 나면 높은 곳에서 뛰어내리던 행동도 사라졌을 뿐 아니라 모래 던지기나 미니카 바퀴에 집착하던 모습도 사라지기 시작했다고 한다.

자연에서 노는 힘이 이렇게 대단한가? 자폐의 비밀과 치료에 관한 책 『Open Door』에도 아프리카에는 자폐성 장애 학생의 수가 적은데 반해 한국과 미국에는 많다고 나타나 있다. 미국질병관리본부는 2010년 자폐성 장애 발생률이 68명 중 1명이라고 발표하였는데 특히 실리콘밸리 근방에 자폐아가 더 많이 있다는 것이다.

똑같이 산업화되었지만 좀 더 자연친화적인 교육환경을 제공하는 독일, 프랑스, 네덜란드 같은 유럽의 나라는 왜 미국과 한국 보다 자폐성 장애 발생률이 낮을까?

---

*『자폐아는 특별한 재능이 있다』, 유현경, 들녘, 2014.
*『Open Door』, 김승언, 한언, 2016.

맨발교육과 뇌교육

자동차 구조를 완벽하게 이해하고 운전하는 사람은 거의 없다. 물론 자동차 구조를 잘 알면 도움은 된다. 하지만 자동차 구조를 정확히 모르더라도 안전하게 자동차를 운전할 수 있다.

발의 뼈 조직과 근육조직을 모두 이해해야만 걷는 것은 아니다. 발에 몇 개의 뼈가 있는지 몰라도 잘 걸을 수 있고 걷다보면 건강도 저절로 좋아진다.

뇌구조를 완벽하게 이해해야만 생각이 가능하고 판단을 할 수 있는 것은 아니다. 뇌구조를 이해하는 것과 뇌를 활용하는 것은 의미가 다르다. 의학자나 뇌과학자처럼 뇌구조를 정확하게 이해하지 못하더라도 얼마든지 뇌를 잘 활용할 수 있다. 자신의 뇌구조를 아는 것보다 더 중요한 것은 자신의 뇌가 정말 가치 있다는 것을 먼저 깨닫는 것이다.

사람들의 생각과 행동은 뇌를 거쳐 나온다. 좋은 생각과 좋은 행동은 Good Brain에서 나온다. 그럼 누가 Good Brain을 가지게 되는 것인가? 나도 좋고 남도 좋아야 된다는 홍익(弘益)의 마음을 가진 사람이 Good Brain을 가지게 된다. 홍익은 자신의 이익을 넘어 널리 다른 사람도 이롭게 하고자 하는 마음으로 인간의 뇌가 가진 최고의 가치이다.

홍익의 마음을 가지게 되면 Good Brain이 만들어지고 Good Brain이 되면 좋은 생각, 좋은 행동을 하게 된다. 이 원리를 아는 것이 뇌교육이다. 홍익이념(弘益理念), Good Brain 만들기, 인성교육은 떼려야 뗄 수 없다. 그래서 인성이 황폐화되었다고 하는 지금 우리 사회에서 뇌교육이 꼭 필요하다. 뇌교육은 그리 어려운 개념이 아니다. 누구나 홍익의 마음을 가지고 자신의 뇌를 잘 활용하도록 하는 것이다. 우리가 학생들에게 창조력, 집중력, 책임감, 인내력, 포용력을 가르칠 때 뇌구조도나 뇌의 모형을 준비하지는 않는다.

자동차는 주인이 운전하는 방향으로 움직인다. 사람도 자기 뇌의 주인이 되면 창조력, 집중력, 책임감, 인내력, 포용력의 방향으로 움직일 수 있다. 그것이 바로 '뇌교육'이다. 내가 스스로 선택하면 창조력, 집중력, 책임감, 인내력, 포용력 도로를 주행할 수 있는 것이다.

자동차는 가끔씩 외부 세차도 하고 안전 운행을 위해 본체를 열어 안쪽까지 구석구석 닦아준다. 뇌를 잘 활용하기 위해서는 뇌가 유연하고 활성화되어야 한다. 그런데 뇌는 끄집어내어 닦아주거나 마사지를 해 줄 수가 없다. 뇌는 우리 몸과 연결되어 있기 때문에 몸을 움직일 때 뇌가 유연해진다. 몸이 체조를 하는 것은

뇌가 체조를 하는 것과 같다. 특히 발에 자극을 주는 것은 뇌의 자극과 직결된다. 그래서 몸체조가 뇌체조이고, 발자극이 뇌자극인 것이다.

몸과 뇌는 하나의 시스템으로 작용한다. 맨발로 걷고 뛰고 놀면서 아이들의 뇌기능은 활성화된다.

인공지능 시대에 부모로 살아가기

백두대간에서 자란 금강송은 궁궐의 큰 건물 기둥이나 대들보에 쓰이는 좋은 목재이다. 아무리 빼어난 금강송이라도 어설픈 목수를 만나 지나치게 다듬어지거나 깎여지면 대들보는 커녕 서까래로 쓰이고 만다. 서까래가 중요하지 않다는 것이 아니다. 당초에는 기둥으로 쓰여질 금강송을 잘못 다루면 그렇게 되고 만다. 서까래로 쓰이면 그나마 다행이다. 여기서 더 어설픈 목수를 만나면 안타깝게도 문틀로 쓰이고 만다. 원래는 기둥과 대들보가 될 재목이었는데 너무 많이 깎아버린 탓이다.

요즘 아이들을 보면 문틀이나 문살로 밀려난 백두대간 금강송이 자주 떠오른다. 목수가 원하는 직선이 아니라는 이유로 금강송의 유려한 곡선은 다듬어지고 만다. 곡선이 살아있는 기둥도 자신만의 아름다움이 있는데 굳이 곧게 깎다보면 기둥 본래의 모습을 잃어버린다. 곡선은 아이의 개성이고 창의성이다. 훌륭한 목수는 나뭇결을 안다. 금강송 고유의 아름다움을 지켜준다.

미래 사회의 주역이 될 아이들이 지금 부모의 시각으로 디자인되어 깎이고 있어 안타깝다. 유치원 때부터 초·중·고등학교까지 깎이기도 한다. 그러다보니 백두대간 금강송은 기억조차 나

지 않는다.

4차 산업혁명시대, 인공지능 시대라고 세상은 야단들이다. 인공지능 시대에 우리는 어떤 눈으로 아이들을 바라볼 것인가? 저마다 타고난 독창성, 창의성을 지켜줘야 한다. 그것이 교육이다. 어른들의 잣대로 다듬다보면 모두 똑같은 아이들로 키워진다. 언젠가 원래의 그 곡선을 안타까운 마음으로 그리워 할 때가 온다. 인공지능 시대에 오히려 자연지능을 깨워야하는 이유다.

인공지능 시대일수록 자연지능이 필요하고 창의성이 필요한 시대일수록 인성교육이 필요하다. 인성이 바탕이 되지 않은 창의성은 세상의 독이 될 수 밖에 없다.

인성을 갖춘 금강송으로 자라게 하려면 '틀'이 중요하다. 세상에서 가장 중요한 틀은 '모범의 틀'이다. 부모의 모범이 중요하다. 붕어빵은 붕어빵틀에서 나오지 국화빵틀에서는 나오지 않는다.

부모에게 훌륭한 틀이 없으면 남들을 따라 하게 된다. 안타까운 것은 주로 공부틀과 돈틀을 많이 갖게 된다. 그래서 아이들은 '공부만 잘하면 된다. 돈만 많이 벌면 된다'는 생각을 쉽게 하게 된다. 돈 10억을 주면 범죄를 저지를 수 있다고 응답한 우리나라 고등학생이 47%였다는 설문조사 결과는 우리 사회가 얼마나 잘못된 틀에 사로잡혀 있는지를 잘 보여준다.

나는 자식에게 어떤 틀을 제공하고 있는가? 올바른 틀이 부모의 가슴 속에 있어야 흔들리지 않는다. 흔들리는 틀 속에서 자녀는 붕어빵도 국화빵도 될 수 없다.

이제 인성이 기반이 된 창의성의 틀을 만들어야 한다.

기둥에서 쫓겨나 문틀이 되어버린 안타까운 백두대간 금강송을 기억하자.

---

*2017년 7월 3일 《매일신문》 기고 칼럼 요약.

인성 두뇌강국 코리아의 꿈

매스컴에서 비윤리적인 큰 사건들이 보도될 때마다 우리는 이구동성으로 인성교육의 문제점을 거론한다. 세월호 참사 이후 국가는 인성교육진흥법을 제정하였고, 교육계는 물론 사회 각계각층에서 다양한 인성회복을 위한 대안을 쏟아내었다.

학교 현장에서도 많은 인성교육 프로그램이 진행되고 있다. 그러나 인성교육 프로그램이 너무 난무하다 보니 어떤 것은 목적이 불분명한 것도 있고, 형식에 치우치는 것도 많은 것이 사실이다. 지금 전 세계는 4차 산업혁명의 급격한 변화의 소용돌이 속에 있다. 다가오는 인공지능 시대에 우리의 인성교육은 어떻게 달라져야 할까?

첫째, '인성두뇌교육'을 해야 한다.

4차 산업혁명 시대에 우리는 창조성이 있는 사람, 아이디어가 있는 사람, 즉 창의융합형 인재를 양성하는 교육에 관심을 가져야 한다. 그러나 창의융합형 두뇌를 가진 인재 양성만이 미래사회를 밝혀주는 것은 아니다. 창의융합형 인재는 반드시 인성이 기반 되어야 한다. 인성이 기반이 된 두뇌교육, 즉 '인성두뇌교육'이 필요하다.

아무리 좋은 아이디어가 있다고 해도 그 아이디어를 무엇을 위해 사용하느냐, 어떻게 사용하느냐에 따라 국가와 지구의 운명이 달라진다. 머리 좋은 사기꾼 한 명 잡기가 더 힘들고 체력 단련을 열심히 한 폭력배 검거가 더 힘드는 법이다. 인성, 즉 덕(德)이 없는 지(智)와 체(體)는 사회의 독으로 작용할 수 있다. 인공지능도 결국 사람이 만든다. 인공지능을 개발하는 사람의 인성이 지구의 미래를 결정할 수 있다. 따라서 인성기반 두뇌교육이 절실히 필요하다.

우리는 4차 산업혁명 시대에 필요한 인재를 '화이트 칼라'와 '블루 칼라'도 아닌 '뉴 칼라'라고 부른다. 단순히 '뉴 칼라'만 되어서는 안 된다. 인성이 기반이 된 '뉴 칼라'가 필요하다. 인성을 갖춘 뉴 칼라가 바로 우리의 미래를 짊어질 '뉴 휴먼'이 될 것이다.

둘째, '자연지능'을 길러주어야 한다.

인공지능시대에는 학생들에게 오히려 자연지능을 길러주어야 한다. 새로운 것을 개발하는 힘과 아이디어 창출에는 인문학이 바탕이 되어야 하고, 그 인문학의 뿌리는 '자연학'이다.

해외의 수많은 명문 초, 중, 고등학교에서는 굳이 인성교육이라는 이름 없이도 자연과 하나 되는 친자연적인 교육프로그램을 적용하고 있다.

심지어 컴퓨터, 스마트폰 등의 최첨단 기구와의 접촉을 차단하고 인터넷 검색까지 못하게 하는 학교도 있다. 대신 신체활동과 독서활동에 더 많은 시간을 투자한다.

스마트폰을 개발하는 연구자 중에는 자녀들에게 스마트폰을 사주지 않고 오히려 뜨개질과 같은 수작업과 친자연적 교육을 더 많이 시킨다는 사람도 많다. 왜 그럴까? 인공적으로 주어진 상황에 반응만 하는 두뇌는 타인과의 만남에서 소통, 공감 능력이 떨어지고 창의력도 떨어지기 때문이다.

지식 위주의 교육을 오랫동안 실시해온 어른들이 인성교육 필요성의 대두와 함께 인성도 프로그램으로 주입하기 시작하였다. 어쩌면 인성은 교육하는 것이 아니라 회복하는 것이 더 적절한 표현이다. 인성교육은 가르치고 주입하는 것이 아니라 누구나 가지고 있는 본성, 즉 인간성을 자연스럽게 회복시켜 주는 것이다.

자연과 함께하는 흙길 맨발걷기를 꾸준히 실천하면 학생들의 건강이 좋아진다. 친구들과 소통도 자연스럽게 이루어지고 수업시간에 집중력도 높아진다. 작고 단순하지만 자연과 하나 되는 맨발걷기 하나만이라도 꾸준히 하면 실제로 체(體)·덕(德)·지(智)가 좋아지는 것이다.

자연은 인간에게 자연스러움과 '자연지능'을 선물로 준다. 자연을 느끼고 의미를 부여하며 자연의 감성을 깨우는 맨발걷기를 하면서 자연과 하나되고 지구와 하나되는 교육을 통해 우리 모

두는 하나라는 인식이 저절로 길러지게 된다. 이제 더 이상 지구에서 자연스러움을 훼손시키는 존재는 인간 뿐이라는 말을 듣지 말아야겠다.

셋째, 누구나 가치 있다고 생각하는 힘을 길러주고 그 가치를 나누는 교육이 필요하다.

우리나라 교육기본법에 교육은 '홍익인간의 이념으로 교육한다'라고 명시되어 있다. 홍익(弘益)은 내가 가치 있다고 생각하는 홍(弘)과 그 가치를 나누는 익(益)으로 구성되어 있다. 인성교육도 이 두 가지가 핵심이다. 학생 누구나 스스로 가치 있다고 생각하게 하고 그 가치로움을 서로 나눌 수 있게 하여야 한다.

자기 스스로에게 감동을 받으면 자신이 가치 있다고 생각하는 힘이 강하게 형성된다. 자신에게 감동받을 수 있도록 하려면 인성교육에서 '꾸준함'의 힘을 길러주어야 한다. 너무 많은 프로그램을 하다 보면 무엇 하나 몸 속에 안착되기 어려운 법이다. 몇 가지 프로그램을 얼마간의 기간에 적용해서 인성이 달라진다면 인성교육이 얼마나 쉽겠는가? 이제부터는 한 가지를 하더라도 꾸준히 하는 힘을 길러주어야 한다. 꾸준함에서 실력이 나오고 참을성이 나오고 아이디어가 나오고 궁극적으로는 자신에게 감동하며 그 감동을 타인과 나누게 된다.

인공지능 시대의 도래는 우리들에게 큰 메시지를 던지고 있다. 국가 전체가 어떤 교육을 할 것인가를 결정해야 할 시점이다.

---

*2017년 4월 29일 《국민인성교육신문》 기고 칼럼 요약.

맨발걷기는 천·지·인의 만남이다

맨발로 다니면 땅(地)의 기운을 만난다. 교실에 있던 아이들이 운동장으로 나온다. 운동장에서 학생들이 서로 만난다. 인(人)의 기운이 교류된다. 푸른 하늘도 보고, 깊은 숨도 내쉰다. 천(天)의 기운을 만난다. 조상들이 말한 천·지·인 대삼합(大三合)의 정신이 고스란히 담겨있다.

친구가 교장으로 있는 초등학교에 가 보았다. 나의 맨발걷기 프로그램을 처음 적용한 학교다.

아이들은 아침에 등교하면서 맨발로 운동장을 걷고 달린다. 교실에 들어가기 전에 수돗가에서 찬물로 발을 씻는다. 돌징검다리를 건너 다니면서 발의 물기를 털어낸다. 징검다리를 다 건너온 아이들은 벤치에 앉아 바람으로 발에 있는 물기를 말린다.

맨발걷기를 하면서 흙과 물과 돌과 바람을 만나는 모습이다. 교실로 들어간 아이들은 발바닥을 자극하여 활성화된 뇌 상태로 활기찬 학교생활을 한다.

맨발걷기는 단순히 건강만을 위해서 하는 것은 아니다.

맨발걷기는 천·지·인의 정신을 심어줌은 물론 학생건강, 바른 인성, 두뇌활성화의 일석삼조 교육으로 아이들을 살리는 작지만 강한 무기이다.

학생들이 건강하고 바른 인성을 지니며 창의적인 생각을 하도록 하자는 데는 모두가 동의한다. 그러나 지금의 교육현장의 모습으로는 어렵다. 학생을 바꿀 수 있는 것을 찾아 꾸준히 실천해야 한다.

맨발걷기는 작지만 그 힘이 있다.

맨발로 교육 1

맨발학교

초판 1쇄 2017년 8월 15일
초판 3쇄 2019년 3월 5일

지은이 / 권 택 환
펴낸이 / 박 진 환

펴낸 곳 / 만인사
출판등록 / 1996년 4월 20일 제03-01-306호
주소 / 41960 대구광역시 중구 명륜로 116
전화 / (053)422-0550
팩스 / (053)426-9543
전자우편 / maninsa@hanmail.net
홈페이지 / www.maninsa.co.kr

ISBN 978-89-6349-105-9 03810

값 13,000원

* 이 도서의 국립중앙도서관 출판시도서목록(CIP)은 서지정보유통지원시스템 홈페이지(http://seoji.nl.go.kr)와 국가자료공동목록시스템(http://www.nl.go.kr/kolisnet)에서 이용하실 수 있습니다(CIP제어번호 : CIP2017020089).